Ce que j'aurais aimé que l'on te dise...

Leslie Luthringer

Loi n°49-956 du 16 juillet 1949 sur les publications destinées à la jeunesse, modifiée par la loi n°2011-525 du 17 mai 2011.

© 2023, Leslie Luthringer
Édition : BoD – Books on Demand, info@bod.fr

Impression : BoD – Books on Demand, In de Tarpen 42, Norderstedt (Allemagne)

Impression à la demande
ISBN : 978-2-3224-5756-4

Dépôt légal : Janvier 2023

TABLE DES MATIÈRES

Ton âme	9
Être normal ? Ou être dans la norme ?	13
Ta valeur	17
L'argent	23
La télé-vision et tous les écrans en général	27
La vie et son mouvement	33
Te libérer	37
Ta place …	45
Maintenant ? … Être !	49
Ta confiance	53
Ton corps	59
Être… biologique ou numérique ?	63
Être toi-même	67
Ton cœur	71
Le paradoxe	77
D'où viens-tu ? Qui es-tu ? Où vas-tu ?	81

Je n'ai pas écrit ce livre pour que tu me crois ou en faire une vérité, car tu découvriras, bien assez tôt, je l'espère, qu'il ne faut justement aucune croyance pour être libre et qu' « une vérité pour tout le monde » n'existe pas.

Si nous sommes 7 ou 8 milliards d'êtres humains ici, alors il y a 7 ou 8 milliards de vérités et parmi celles-ci, il y a la tienne et il y a la mienne qui peuvent se rencontrer, avoir des affinités et s'aider pour faire avancer nos vérités et nous faire avancer dans ce monde pour le moins « bazardeux » !

J'ai voulu cet écrit court, pour qu'il ne t'ennuie pas, ni ne t'encombre, car ce n'est pas ma volonté de te faire de grandes leçons sur la vie et parce que, d'une part, les donneurs de leçons sont bien souvent des « juges trop bavards » et d'autre part, parce qu'il est ridicule de te faire la leçon (ce que l'on te fait faire à l'école avant d'en faire l'expérience).

Il s'agit ici de vivre (de faire l'exercice) et d'en tirer les leçons ensuite, car rien ne vaut l'expérience de la vie, justement, pour apprendre dans ce monde.

Mais voilà, j'ai compris qu'il y a une multitude de choses que l'on ne nous enseigne pas et je crois que c'est voulu. Et je suis certaine que nombre de ces choses pourront t'être utiles…bien utiles.

Peut-être même qu'elles te guériront de certaines blessures … de certaines croyances. Alors sers-toi de ce livre comme une aide, comme un message que tu peux offrir à quelqu'un si tu estimes que cela pourrait l'aider.

J'aurais tellement aimé que l'on te dise toutes ces

choses dès le départ de ta vie ! J'aurais tellement aimé…

Alors je le fais maintenant, parce que je t'aime et que ta force (celle que je vois chez chacune des personnes qui me consultent) me plonge à chaque fois dans l'admiration. Je t'aime toi, l'enfant qui lira ce livre, toi l'adolescent, toi l'adulte, toi le parent, toi le grand-parent qui lira peut-être ce livre à ton petit-fils ou ta petite-fille.

Je nous aime pour l'humanité qu'il y a à l'intérieur de nos corps. Cette humanité qui survit malgré tout et qui sait instinctivement tout de la vie. Alors, tu sauras, instinctivement, si cet écrit te sera une aide ; car c'est là son seul objectif. Une aide et une déclaration d'amour à tous ces enfants, ces hommes et toutes ces femmes qui m'ont toujours subjuguée par leur courage, leur force intérieure et leur dignité.

Alors pas de grands discours ici, pas de grandes rhétoriques, juste des mots simples pour te parler de toi et de la vie. Des mots simples pour… T'aider et t'aimer.

Un dernier conseil : lis ce livre lentement...

TON ÂME

Si nous commencions par parler d'elle…
Elle n'est que Lumière et amour.
Si je te disais que ton âme vient du soleil où vit l'amour ?
Tu viens de là et tu le sens bien depuis le début, mais tu n'oses pas y croire. Tu t'en souviens pourtant ; tu as le souvenir de cela. Tu le sais lorsque, par exemple, tu te remémores qui tu étais enfant : cela te permet de voir ton soleil, ta lumière intérieure et l'amour qui résidaient en Toi.
Et cela se voit chez chaque enfant que l'on regarde. On voit cette solarité et cet amour en eux. C'est d'ailleurs ce qui nous met en joie, en émerveillement devant eux. Les enfants, jusqu'à l'âge de huit ans environ, ne sont pas obscurcis par les couches d'angoisses, de peur, de stress que la famille, la société et l'environnement terrestre nous infligent.
Oui, l'essence de ton âme, ses deux ingrédients de base sont la lumière et l'amour. Tu me diras que finalement, c'est simple et pourtant…pourtant, ça ne l'est pas !
Et pourquoi donc ?
Et bien parce que, comme tu peux le voir, l'uni-

vers et tout ce qui existe sur Terre sont issus d'une intelligence tellement complexe et diversifiée, de mécanismes imbriqués les uns dans les autres que cela paraît compliqué. Il faut accepter le fait qu'une intelligence qui nous dépasse puisse créer du vivant impliquant des milliards de mécanismes intriqués les uns dans les autres pour féconder quelque chose de pourtant parfait, comme Toi. Pour mieux comprendre cela : ton âme nue (Lumière + Amour) s'est habillée de différents vêtements afin de se promener sur Terre.

Elle a mis un manteau : ta personnalité. Un pull : ton caractère. Un pantalon : tes aptitudes innées. Des chaussures : tes comportements. Et elle a peut-être aussi mis des gants, un bonnet ou un paréo… Que sais-je ? Mais vois-tu, ton âme au moment où elle s'incarne est habillée par tout cela. Il y a donc ton âme et ses fringues pourrait-on dire ! Et c'est ce que le monde voit de toi : ta personnalité et ton caractère principalement.

Et toi ?

Que vois-tu de Toi le plus souvent ?

Ces mêmes habits. Et pourtant, tu sais que tu ne correspords pas qu'à cela. Tu le sais parce que tu te souviens de ta lumière et de ton amour, des deux ingrédients de base dont est faite cette âme… Mais cette âme, tu ne la vois pas, tu ne la vois plus, cachée par toutes ces couches. Et c'est ce qui crée un conflit en toi.

Comment y remédier alors ?

En allant regarder ton âme régulièrement, chaque jour s'il le faut ; par exemple, à chaque fois que tu te regardes dans le miroir dans lequel tu y vois ton caractère et ta personnalité ; et bien, vas t'allonger trois ou cinq minutes, ferme tes yeux et regarde. Regarde ta lumière et ton amour qui se trouvent à l'intérieur de ton corps et laisse-les prendre toute leur place, laisse les te remplir, redonne-leur, leur puissance dans tout ton être. Fais exister ton âme chaque jour et tu verras à quel point tu souffriras moins de tes propres dualités.

Il arrive que certains traits de caractère ou de personnalité ne te conviennent pas. Peut-être sont-ils trop colériques ou trop nerveux, trop peureux ou trop paresseux ?

Oui je comprends.

Mais peux-tu douter un seul instant que la vie se soit trompée en te créant ainsi ?

Peux-tu douter d'une intelligence aguerrie à créer des perfections vivantes depuis des millions d'années ? Non bien sûr !

Ne t'inquiète pas, tout ce que tu es, a été pensé avec la plus grande précision, la plus grande minutie et tout en sur-mesure ! Tu es la création sur-mesure de l'univers et il ne fait pas d'erreur, crois-moi ! Alors si tu te trouves trop colérique ou trop peureux(se), pas assez fort(e) ou doux(ce), sois sûre que c'est justement pour que tu deviennes EXACTEMENT la personne que tu dois devenir. Car c'est grâce à ces faiblesses ou à ce que tu considères comme des défauts que tu deviens EXACTEMENT qui tu es.

Il n'y a rien de manquant ou de trop : il y a, c'est tout ! Il y a ce qu'il faut pour te faire travailler, te faire équilibrer ce qui ne l'est pas. Il y a peut-être trop d'agressivité en toi (qui te dérange) pour que tu prennes justement conscience de cela ; pour que tu l'acceptes et qu'elle t'offre ce qu'elle a à t'offrir en te faisant découvrir ce qu'elle a à t'apporter. Car chaque « trop » ou chaque « manque », concernant nos personnalités et nos caractères ont des choses à nous offrir : ils nous offrent, tout d'abord, qui l'on est. Tu ne serais pas qui tu es aujourd'hui sans eux.

Ils nous offrent ensuite la découverte et donc notre évolution : car c'est lorsque tu acceptes tout ce qui te constitue (même tes pires défauts) que tu TE découvres et que tu évolues ; que tu continues à avancer... car je te le dis, tu as été conçu(e) pour avancer, toujours.

Vois maintenant, ce que tu es : ton âme : Lumière et Amour ; habillée par ta personnalité, tes comportements, tes aptitudes, tes aspirations, etc… Ce qui pourrait correspondre aux caractéristiques de ton signe astrologique, de ton ascendant, de ton signe lunaire. Et expérimente ! Vois ton âme, cette Lumière et cet Amour en gardant conscience qu'elle est simplement habillée dans cette vie terrestre par des attributs qui te permettent d'être ce que la vie ou Dieu ou l'Univers (c'est comme tu veux) a voulu que tu sois. Cette personne avec ses attributs précis, c'est ce que la Vie a voulu PRÉCISEMENT ! Et la vie ne se trompe pas. Alors, accepte tous ses « vêtements » et aie confiance en cela.

ÊTRE NORMAL ? OU ÊTRE DANS LA NORME ?

Je sais que tu t'es souvent senti(e) différent(e), à part, en décalage… Oui…

Et pourquoi d'ailleurs ?

Parce que tu as regardé, observé, analysé ce monde que tu trouves si étrange, si violent parfois. Et ce monde, tu l'as comparé à tes modes de fonctionnement et tu t'es dit : je ne suis pas normal(e) ! Je ne suis pas comme eux !

Alors, 2 choses :

-Premièrement : tu as comparé. Et désolée de te le dire, mais c'est une des grandes erreurs que nous faisons tous (si cela peut te rassurer). Ce n'est pas de ta faute ou de ton fait, puisque c'est un réflexe primaire qui se met en place vers l'âge de deux ou trois ans. Tous les enfants se comparent aux autres. C'est une fonction presque animale puisque c'est un système de reconnaissance qui te permet de savoir si tu es bien en présence de tes congénères. Et l'on remarque de suite ce qui n'est pas similaire à nous : les cheveux, la corpulence, la pilosité, la couleur de peau, etc… Mais comme si cela n'était pas suffisant, tu as été éduqué à le faire depuis ton enfance :

tes parents, l'école, la société … et l'erreur est là !!! Pousser la comparaison à outrance ! Nous sommes pareils et pourtant tous différents, on le sait, et cela suffit comme cela.

Pourquoi cultiver cette comparaison au point qu'elle devienne anxiogène pour nous ?

Alors, maintenant que tu sais que c'est une erreur que l'on perpétue depuis des siècles, apprends à ne plus te comparer. Car tu n'es pas et ne seras jamais comme les autres ! (Malgré tes deux bras, tes 2 jambes, etc…) Tu es unique en ton genre et la vie t'a voulu ainsi ; alors sois unique ! Sois cet être formidablement, « extra-ordinairement » et puissamment unique ! N'aies pas peur de cela, je t'en prie. Et ne te compares plus aux autres, car, crois-moi (ou pas) cela est vain, puisque nous sommes tous uniques ! Uniques dans un monde qui veut à tout prix nous normaliser, nous formater !

-Deuxièmement : tu as voulu ressembler aux autres, à tes congénères et être normal ! Je te rassure, tu ressembles bien à tes semblables : tu as une peau, deux jambes, deux bras, un nez, une bouche, des poils, bref, la liste est longue. Tu es donc comme eux.

Es-tu rassuré(e) ?

Mais c'est quoi être normal ?

Qu'est-ce que ça veut dire être comme tout le monde ?

Personnellement, quand je regarde les « gens normaux », je me dis :

- C'est ça la normalité ???

Eh bien, ça ne me fait pas rêver !

Ça te fait rêver toi, qu'on soit tous pareils ?

Si c'est ça la « normalité », alors je suis SACRÉMENT heureuse de ne pas l'être ! Parce que justement, je ne trouve pas cela normal qu'on soit tous normaux ! Tous formatés, normés, standardisés. Ça n'existe pas dans la nature ça. Chaque être vivant est différent de ses congénères, même s'ils se ressemblent : il y a pléthore de races de chiens, tous différents et tous chiens quand même ! Pareils chez les oiseaux, les animaux marins, les plantes, les fleurs, les minéraux… La nature ne sait pas et ne veut pas normaliser !

Non, vois-tu, être normal aux yeux de la vie, de l'univers, c'est être Toi. Pleinement toi. Avec tout ce qui te différencie de l'autre. C'est ça être normal !

Et ça, c'est rendre hommage à l'univers qui t'a créé ainsi ; qui y a mis toute sa force, son intelligence et sa magie pour justement, que tu sois cet être absolument unique. Alors, surtout, n'essaies pas d'être comme tout le monde. Vouloir être comme tout le monde ou comme quelqu'un d'autre, ce serait comme annihiler la puissance de l'univers et de la vie en toi.

Décide d'être Toi.

Prends cette décision. Car tu es la symphonie de l'univers et tu verras à quel point il te rendra au centuple d'honorer sa partition qu'il a écrit pour toi. Ne cherche pas à vouloir ressembler à quelqu'un que tu admires : un acteur ou une actrice, un chanteur ou une chanteuse. Ne cherche pas à « être comme » ton ami(e) que tu admires ; car, d'une part, cela est vain puisque tu ne seras jamais exactement comme lui ou elle et d'autre part, parce que cela ne te permettra pas de devenir toi-même. Et en faisant cela, tu te déshonores : c'est cela ne pas s'aimer. En cherchant à vouloir ressembler à l'autre tu ne t'aimes pas. Tu ne t'honores pas. Alors que tu honores l'autre. Et par conséquent, tu ne te respecte pas. Et c'est alors la porte ouverte à l'arrivée de nombreux complexes. C'est te faire du mal et tu n'es pas venu ici, sur Terre pour te faire du mal. Ne te fais pas de mal.

Tu t'inspireras bien sûr, de personnes que tu aimes…Oui, inspire-toi. Inspire et expire. Mais ne cherches pas à être comme… S'aimer, ça commence par là.

TA VALEUR

Qu'a-t-on fait de ton système de valeur ?

Pas de ce que tu vaux, ni combien tu vaux, car j'y reviendrais plus tard, tu n'es pas estimable, Dieu merci ! Je veux parler ici, de ton propre système de valeur, celle que tu te donnes. C'est comme s'il avait été enterré. Viens, allons le déterrer, il est temps !

On t'a malheureusement fait croire qu'il fallait avant tout, que tu possèdes des tas de choses de valeur : une voiture, un appartement, une maison, des bijoux, des vêtements de marques, des téléphones de marques, des écrans plats, du maquillage plein les tiroirs, des consoles de jeux, des faux seins, des faux cils, des faux cheveux, etc., etc. La liste est interminable ! Beaucoup de choses qui coûtent cher, bien trop cher, lorsque que l'on gagne huit cents, mille, mille deux cents ou mille cinq cents euros par mois. Lorsque l'on ne gagne pas suffisamment pour se remplir de ces objets indécemment chers. Tu conviendras, qu'en prenant du recul, cela n'a aucun sens sincèrement. Cela en aurait si la majorité des gens pouvait se payer tout ça.

Mais, là, ça n'a vraiment pas de sens, n'est-ce pas ?

C'est un concept totalement absurde, avide et dangereux ! On ne te parle depuis ta plus tendre enfance que de posséder. Posséder toujours et encore des objets en grand nombre.

Pour quoi faire ?

Pour être comme tout le monde ?

Ou pour s'endetter (pour pouvoir acheter ces choses) ?

Les 2 bien-sûr !

Mais as-tu déjà vu une remorque pleine d'objets suivre un corbillard ?

Non, évidemment !

Comme si la vie consistait maintenant à posséder des milliers de choses sans importance… Était-ce cela, ce que voulait dire l'expression « avoir une vie bien remplie » ?

Ne parlions-nous pas d'expériences, de sentiments, d'aventures en tous genres, de réalisations et de rêves accomplis ?

Oui, nous parlions de tout cela et il est essentiel que je t'en parle encore car c'est de tout cela que ta vie doit être riche. Tu sais, on arrive ici sans tous ces objets, nu comme un vers et lorsqu'il est l'heure de partir d'ci, on repart sans eux ! En revanche, on repart plein de nos amours, de nos accomplissements, de nos apprentissages, de nos défis relevés, de nos joies et de nos actes.

Et ta valeur à toi ?

T'en a-t-on déjà parlé ?

Qu'est-ce qu'on t'a enseigné à l'école sur ta valeur ?

Celle que tu te donnes. Celle que tu as dans ce

monde. Personne ne t'en a jamais parlé. Alors, rétablissons un peu les choses.

Toi qui as peut-être vécu dans l'insécurité financière ou matérielle avec des parents qui n'arrivaient pas à joindre les deux bouts et ne pouvant pas payer cette fameuse paire de basket de marque vendue deux cents euros et fabriquée par des enfants payés vingt centimes par jour. Toi qui as peut-être vécu le manque de considération ou d'amour avec des parents trop occupés à courir après cet argent pour s'offrir tous ces objets onéreux et ces fringues de marque. Toi qui as alors grandi projetant ta revanche sur la vie en te disant :

- je serai riche pour me payer tout ce que je veux, à moi et ma famille.

- je serai le parent le plus aimant pour que ma famille ne souffre pas du manque d'amour

Tu as grandi avec ce repère de manque, car quotidiennement, il manquait quelque chose. Alors, il manque toujours quelque chose dans ta vie. Et de ce manque d'amour ou d'argent, en a découlé la croyance silencieuse et insidieuse, bien logée dans ton subconscient, que tu ne méritais pas. Et de là en a encore découlé le sentiment d'être redevable. Devoir rendre ce que tu as reçu. Être en dette. D'amour ou d'argent selon ton histoire ; parfois même les deux.

Cela, vois-tu, c'est ce que la société contemporaine veut pour l'humain.

Alors, écoute-moi : lorsqu'une personne est chère à ton cœur, un(e) ami(e), un(e) amoureux(se), peux-tu lui donner une valeur ?

A-t-elle un prix ?

Non, bien sûr ! Parce qu'elle n'est pas quantifiable. Et il en est de même pour toi. Laisse-moi maintenant te dire à quel point ta valeur est au-dessus de tout ce que tu peux imaginer. Tu es le miracle de l'univers. Tu es l'agrégat de tout ce qu'il contient. Tu es l'eau (dans ton sang), la terre (dans tes os), le feu (le système électrique de ton cœur) et l'air (les échanges gazeux dans tes poumons) tout entiers ; la preuve en est, que ton corps contient ces quatre éléments, ce qui lui permet d'être en mouvement.

Je continue : tu es l'intrication et la condensation de trilliards de paramètres constituants l'univers. Tu contiens toute la structure atomique, moléculaire, gazeuse, chimique, biochimique, physique, géométrique et mathématique de celui-ci. Il y a dans ton ADN, tout son code génétique. Je ne parle même pas de la part énergétique qu'il contient et que tu possèdes également.

Alors que dis-tu de tout cela face à un petit billet de banque en papier, qui ne vaut plus rien lorsqu'il est déchiré ?

Qu'est-ce qui a le plus de valeur à tes yeux ?

Ce que tu es, qui tu es, voilà la valeur incommensurable. Inestimable. Je sais que cela peut te paraître encore peu abordable comme considération, alors, je t'en prie, fais-moi plaisir, si tu as besoin de repères pour ressentir cette notion, lève-toi chaque matin en imaginant ton corps de la matière la plus précieuse : remplace ton sang par de l'or. Tu sais, ce métal pur, inaltérable et précieux ici-bas. Voilà, si tu as du mal à reconnaitre que ta valeur est grande ici alors va dans ta journée en étant rempli de cet or et marche ; fais ; accomplis et n'oublie pas que tu es encore bien plus que cela puisque l'univers t'aime au point qu'il a réuni toutes ses forces pour te créer Toi et que tu as été voulu(e) par lui et pour Lui.

Je veux que tu vives cela.

L'ARGENT

Tu te trompes sur l'argent…
Pourquoi ?
Parce qu'ils voulaient que tu te trompes !
Qui ?
Ceux qui le créent. Il te faut comprendre cela très vite ! Ce n'est pas l'argent qui te contrôle ou qui contrôle le monde. C'est toi qui contrôles l'argent! Un billet de papier ne peut pas contrôler un humain, dans la mesure où c'est l'humain qui crée, fabrique et contrôle ce billet. A partir de ce constat, tout va se simplifier pour toi, car n'importe qui peut contrôler des bouts de papiers. Il suffit d'inverser les rôles. Rôles bien tenus depuis des siècles, nous sommes bien d'accord.

Voilà ce qu'il s'est passé : ils ont créé l'argent pour asseoir leur puissance. Afin qu'ils se trouvent toujours en excédent et toi, moi, et bien d'autres pour nous laisser en déficit. C'est comme cela qu'ils sont devenus si puissants. Puissants au point que tu as eu peur d'eux ; au point de te sentir inférieur(e) à eux ; jusqu'à craindre l'argent lui-même. Il te sera judicieux donc de ne plus en avoir peur car à ce moment même, tu comprendras que l'argent n'est ni sale, ni une mauvaise chose en soi, puisque tu peux avoir toi aussi, le contrôle dessus (puisque tu peux le manier). Ce jour-là, tout change pour toi.

Pourquoi encore ?

Parce que tu arrêtes de le fuir ; comme tu fuis ton banquier ! Au contraire, fais comme ce banquier, manipule-le, contrôle-le. Ne te mets pas en-dessous de lui mais réellement au-dessus de lui. Accueille-le, rentre-le en toi. Il n'est ni négatif, ni sale, ni pas assez spirituel. Il est. C'est tout.

Ensuite, prends conscience que ce sont ceux qui le manipulent de façon perverse qui font que tu en as une image négative. Or, tu es d'accord, qu'un billet ou un chèque avec des chiffres dessus est plutôt neutre en soi. Il est un outil d'échange. En revanche, ceux qui s'en servent pour appauvrir l'autre, sont eux, bien sales et peu spirituels. Alors, reprends le contrôle maintenant ! L'argent est là ; mets-toi au-dessus de lui et imagine que tu puisses donner la forme que tu désires à ces liasses de billets : maison, avion, voiture, animaux, bonhommes…

C'est lui qui est à ton service, ce n'est pas l'inverse. Domine-le sans crainte. N'aie pas peur, ne culpabilise pas. Tu ne domines pas pour faire de mal à autrui, non. Tu domines et contrôles cet argent pour faire le bien de l'humanité. Tu l'utiliseras à de bonnes fins et de manière intelligente, je n'en doute pas. Mais tu dois auparavant, ne pas te sentir mal à l'aise avec cette énergie d'argent. Arriver à être « avec » et pas « contre » lui, jusqu'à pouvoir t'en amuser. Et bien sûr, tu feras de lui, un outil contribuant au bien de l'humanité. Tu l'utiliseras d'abord pour ton bien-être ; pour effacer cette mémoire de « manque », puis tu le partageras. On partage toujours mieux et plus juste lorsque l'on possède déjà soi-même. Dans la vie, il est juste de donner ce que l'on a ; pas ce que l'on n'a pas.

Je t'en parle maintenant, même si ce sujet ne me réjouis pas et à vrai dire, je ne souhaitais pas t'en parler, mais il est nécessaire de l'évoquer, puisque je t'écris à l'heure de la dématérialisation de cet argent et de sa numérisation… La Crypto et les sans-contact… Cela ne doit rien changer dans ton positionnement face à lui. Tu contrôles. Mais il va falloir une nouvelle fois te poser une véritable question face à l'argent :

Sans-contact ? Ou garder le contact ?

LA TÉLÉ-VISION ET TOUS LES ÉCRANS EN GÉNÉRAL

Je te parle à l'heure du métaverse… Il est nécessaire donc que je te parle des écrans et je vais commencer par la télé-vision.

Ils t'ont mis dès le plus jeune âge devant un écran et ont posé des images dedans en te faisant croire que la vérité se trouve là. Ils te montrent des informations en les tamponnant du mot « officielles » pour te faire croire que « cela » est la vérité ; que cela EST CE que tu DOIS regarder. Ils veulent que tu regardes un écran tout le temps dans le but de te couper de ce qui t'entoure et te fait du bien : ta famille, tes amis, la nature, les arbres, l'océan, les animaux, etc… Ils savent que tout cela te fait du bien et que tu peux y trouver la vérité et te remplir de connaissances, de savoir et de joie et surtout, surtout d'être en lien avec la vie.

Tu me dirais alors :

-Pourquoi feraient-ils cela ?

Eh bien, vois-tu, pendant que tu regardes un écran chez toi, tu ne profites plus de l'oxygène nécessaire à tes cellules que t'offre l'arbre. Tu ne sens plus l'air iodé de la mer qui régule ta thyroïde et t'apaise. Tu n'enlaces plus ta grand-mère qui a tant de douceur et de sagesse à t'offrir avant qu'elle ne parte. Tu n'écoutes plus tes frères et tes sœurs et chacun vit sa douleur de son côté sans en parler. Tu ne te soucies pas du Gorille cherchant désespérément à protéger sa tribu dans sa forêt en Centre-Afrique. Forêt détruite par ces mêmes individus qui te gardent devant l'écran afin que tu ne voies pas ce qu'ils détruisent. Tu es coupé de tes nourritures les plus essentielles. Tu n'es plus alimenté ! Et cela est grave !

Tu es devant ton écran et tu crois à tout ce qu'ils disent puisque, d'une part, l'humain croit ce qu'il voit et d'autre part, pour le persuader à cent pour cent d'une chose, il suffit de répéter cette information. Et c'est ce qu'ils font : ils te répètent chaque jour les mêmes informations pour que tu crois à ce qu'ils veulent te faire croire (souviens-toi de la période du corona-virus) La vision crée la croyance ; la répétition crée la persuasion (base de l'enseignement) Ils savent parfaitement tout cela, alors, ils créent des images et te font croire que la réalité c'est ça !

Toi, tu es là devant cet écran…et eux…que font-ils pendant ce temps ?

Ils déciment et brûlent les forêts amazoniennes, réduisant et apeurant leurs peuples, leurs gorilles, leurs tigres, leurs oiseaux, etc… Ils abattent tous les jours les arbres que tu ne regardes plus. Ils polluent les océans en y laissant les pétroliers décharger leurs carburant de vidange.

Que font-ils encore pendant tout ce temps ?

Ils bourrent ta nourriture de sucre, de sel, de E en tous genres, de pesticides. Ils déversent des milliers de tonnes de produits toxiques dans la terre pour, soi-disant, faire pousser « mieux » les légumes. Comme si les tomates ne savaient pas pousser normalement depuis des milliers d'années !

Voilà un tout petit échantillon de ce qu'il se passe lorsque tu es devant tes écrans (télé-vision, cinéma, télé-phone, ordinateur, tablettes, etc…)

Et tiens, le cinéma ! T'es-tu déjà posé la question de ce que les gens vont voir au cinéma ?

Tous ces films catastrophes, de fin du monde, de pandémie, d'extraterrestres, d'attaques en tous genres.

Crois-tu que ce soit un hasard ?

Non absolument pas ! On te prépare au fur et à mesure à vivre ces situations pour que le jour où une pandémie arrive par exemple, tu puisses y croire à trois cents pour cent ! Ils te montrent en permanence des images pour que ton émotionnel y réagisse.

Voici comment cela fonctionne :

- Tu vois une image. Ce que ton cerveau enregistre comme quelque chose qui pourrait arriver.

- Ton corps y réagit : ton système émotionnel a été sollicité et ordonne au corps de produire la réaction physique appropriée : larmes ou tensions. Et c'est par ces processus que sont nourris les égrégores. Devant ces écrans, tu nourris des égrégores sans même t'en apercevoir, puisque tu réagis avec émotion à ce que tu vois. Voilà comment cela se passe réellement. N'es-tu pas étonné(e) de voir la réaction de certains enfants qu'on oblige à quitter la télé pour passer à table ? Colère et crise de larme ; la croix et la bannière !

Pourquoi une réaction si forte d'ailleurs ?

Car ce qui se passe dans cette télé-vision est devenu plus fiable et plus nourrissant pour eux, que ce qu'il y a dans leur assiette au moment de déjeuner !

Imagine alors, ceux qui vivent sans télévision (souvent par choix).

Imagine leur vie sans ce flot d'informations négatives la plupart du temps ?

Que font-ils de leurs soirées ?

Qui croient-ils ? (Puisqu'ils ne regardent pas la télé-vision)

Quels sont leurs repères stables et fiables ? Leur famille ? Leurs amis ? La nature qui les entoure ?

Trouves-en une. Trouve une personne qui ne regarde pas la télé et parle avec elle ne serait-ce que dix minutes. Regarde ses yeux, son sourire, sa chaleur humaine… C'est un exercice à faire… vraiment ! Et tu verras que cette personne est bien moins stressée que la plupart des gens. Elle dort bien. Elle rit souvent. Elle apprend beaucoup car elle fait plus de choses avec ses mains et est créative. Elle est plus en mouvement et souffre donc moins de douleurs de toutes sortes par exemple. Car je te le répète encore, tu as été conçu(e) avec deux jambes et deux bras pour être continuellement en mouvement et pour avancer, ne l'oublie pas.

Qui sont les plus actifs sur cette planète ?

Ceux qui n'ont pas le temps de regarder la télé-vision !

Ceux-là mêmes qui montent les sociétés les plus innovantes en matière d'écologie et de protection de la planète par exemple.

Ceux-là même qui ont des récits de vie extra-ordinaires (qu'on aime écouter ou lire).

Ceux qui sont navigateurs, photographes animaliers, plongeurs, astronautes, agriculteurs, physiciens, apiculteurs, explorateurs, ethnologues, archéologues, médecins, chirurgiens… bref, la liste est longue. Ils sont actifs pour nous et notre planète et que grâce leur soit rendue. Ils sont actifs pour eux-mêmes avant tout et c'est en faisant cela qu'ils agissent pour l'humanité. Ils ont écouté leur âme et sont exactement ce qu'il est bon pour eux d'être.

Ils ne sont pas devant leurs écrans parce que rester devant un écran, c'est mourir. C'est rester immobile. Ne plus bouger, n'est-ce pas le b.a.-ba de la mort ?

LA VIE ET SON MOUVEMENT

La vie est sinusoïdale

Elle est ce mouvement. Notre cœur, par un électrocardiogramme nous le montre également.

La lune aussi monte et descend. Nos humeurs montent et descendent, elles aussi ! Au grand damne de notre entourage d'ailleurs ! Chez les femmes, ce phénomène sinusoïdal est très visible dans leur cycle hormonal. En effet, le cycle fait monter les hormones reproductives pour atteindre l'ovulation puis redescendent pour leurs menstruations. Tout a ce mouvement de sinusoïde qui monte et qui descend. Et ne se dit-on pas souvent que la vie est une succession de montagnes russes ? C'est de ce phénomène que découle la dualité. Cette notion de dualité où tout se contrarie. Tout cet antagonisme, ce contraire qui nous perturbe tant ! Le beau vs le laid, le haut vs le bas, le jour vs la nuit, la vie vs la mort, etc, etc… C'est très compliqué pour l'humain de vivre en permanence ces notions opposées à longueur de journée et d'être en équilibre, en harmonie avec cela. Car oui, le bien-être se trouve dans l'équilibre des deux, ce que nous enseigne le taoïsme.

Mais nous apprend-on cela ?

Est-ce que l'on nous enseigne à accepter et à maitriser ce phénomène dès le début de notre vie ?

Et non, malheureusement ! Et c'est bien là le dommage.

Bref, de cette dualité, ce cette binarité, il faut en tirer l'équilibre. C'est-à-dire, en accepter les deux pans. Par exemple, accepter la méchanceté et la gentillesse chez une même personne. Accepter la cruauté et l'amour sans limite dans ce monde. Mais tu t'en rends bien compte, sur certains sujets comme les deux précédemment cités, ce n'est pas si facile !

Alors si l'on considérait un peu les choses autrement, en revenant à notre mouvement sinusoïdal ?

Car ce qui est absolument fiable dans ce monde, c'est que la vie c'est le mouvement ! Et que tout est toujours en mouvement. Même la nuit, lorsque nous dormons ! La terre continues de tourner et notre cœur continue de battre. En effet, la vie, c'est le mouvement. L'arrêt de mouvement, c'est la mort. C'est rester allongé définitivement.

Et tout est en mouvance permanente, même lorsque tu dors, ton corps reste en mouvement : ton cœur bat, le péristaltisme intestinal se fait, ton cerveau est très actif, tes reins et ta vessie effectuent leur travail, etc… Alors plutôt que de se dire que ce monde est difficile parce qu'il est inscrit dans une binarité, une dualité apparente, si l'on considérait cela comme un mouvement qui monte et qui descend.

Si on le vivait comme cela ?

Eh bien, je te le dis, cela change tout ! Cela nous libère de ce tiraillement perpétuel entre le bon et le mauvais par exemple. On ne regarde plus ces notions de bien et de mal, on les vit ! On accompagne ce mouvement, on bouge « AVEC » lui, pas « CONTRE » lui ! Comme si l'on était dans cette attraction de montagnes russes.

Ne reste pas observateur de ces facettes de la vie : face belle – face laide, face froide – face chaude, face joyeuse – face triste.

Tu y trouveras toujours absolument tout ! Ne sois pas observateur de tout cela. Monte dans le manège et sois-y acteur. Suis le mouvement sinusoïdal et je peux te garantir que tu accepteras beaucoup mieux le monde, les gens, et surtout, surtout, tu t'accepteras toi, bien plus qu'avant, car accepter et s'accepter avec ce que l'on aime et ce que l'on déteste de nous, c'est déjà être en mouvement. Je te le rappelle ici : le mouvement crée l'expérience. L'observation, elle, crée le jugement froid, analytique du fait de son immobilité et peut en découler d'autres notions pas très joyeuses. Je ne dis pas que l'observation est néfaste, oh non ! Je dis simplement qu'elle acquiert tous ses attributs positifs lorsqu'elle est suivie d'une action, d'un mouvement.

Je m'explique : par exemple, tu crains les araignées. Tu peux passer des années à les observer en hurlant lorsque que tu en croises une. Cela nourrit le jugement que tu te fais d'elle : une bête effroyablement énorme, horrible, qui forcément, va te faire du mal ! Alors qu'en réalité, elle est minuscule par rapport à toi et qu'elle a bien plus peur de toi.

Tu ne fais donc rien et tu attends quelqu'un qui puisse te venir en aide. Tu observes, tu ne fais rien et tu attends dans ta peur. Mais tu peux aussi avoir le choix de 2 actions et donc être en mouvement : l'écraser et lui ôter la vie ; et là tu n'es pas dans le mouvement de la vie. Ou aller vers elle et commencer à la pousser pour la diriger dehors ou prendre un verre, la mettre dedans et la remettre à l'extérieur. Bref, soit tu continues à regarder tes peurs et à les nourrir et tu crées un jugement tout à fait erroné sur la chose en question, soit tu vas en mouvement avec elles et tu es donc en mouvement avec la vie. Et c'est exactement là que tout change !

Non seulement, tu dépasses tes peurs qui te bloquaient dans de nombreux aspects, mais je ne te parle même pas de la satisfaction que tu en retire ! Un pur moment de bonheur ! Avec estime et confiance en toi reboostées ; tu te sens rempli de force et de joie.

Alors, chaque matin où tu te lèveras, commence ta journée en visualisant cette journée comme cette attraction de montagnes russes et réjouis-toi comme un gosse qui part vivre une nouvelle aventure !

TE LIBÉRER

Je ne t'apprends rien en te disant qu'il existe beaucoup de choses toxiques ici-bas. De nombreuses substances toxiques pour les êtres humains présentes dans leur air (gaz et particules fines en tous genre, soufre, méthane, radioactivité…), dans leur eau (plomb, aluminium, chlore, nitrates…), dans leur nourriture (pesticides, colorants, conservateurs, sucres…), dans les cosmétiques (parabènes, dérivés pétrochimiques, oxydes, …) que tu ingères chaque jour malheureusement… Bref, la liste est longue et tu m'en vois navrée.

Mais ne nous attardons pas sur ces choses déprimantes, car comme je te l'ai déjà dit, ton corps, aux capacités hors du commun, sait y résister et s'adapter autant qu'il le peut. Autre bonne nouvelle : en prenant conscience de tout cela, tu vas alors pouvoir mettre en place ton hygiène de vie pour les éviter au maximum ! Je sais que cela te parait fastidieux, mais tu te dois, par respect pour l'être merveilleux que tu es, de commencer ce processus.

Mais par où commencer ?

Très bonne question !

Eh bien, je te conseille de commencer par évacuer de ta vie le plus lourd et le plus encombrant !

De quoi s'agit-il ?

Il s'agit des personnes toxiques qui t'entourent, car oui malheureusement, il y en a bien-sûr. Tu sais, celles avec qui tu te sens mal. Celles qui ne cultivent pas la bienveillance à ton égard. Celles qui ne te respectent pas. Celles qui te font souffrir quand toi tu leur offres ta gentillesse. Ces personnes coincées dans des schémas de destruction. Ces personnes sans conscience.

Rassure-toi, tous les gens malfaisants ne seront pas nécessairement toxiques pour toi, mais certains le seront. Ils prennent place justement dans ta vie pour te pousser à aller chercher ce qui est manquant chez toi afin que tu finisses par trouver l'équilibre. Par exemple, si tu es régulièrement entouré(e) par des personnes qui profitent de toi, c'est certainement que tu es « trop » généreux(se) ou « trop » dans la bienveillance. Comme je te l'ai dit, le trop est l'ennemi de l'homme. Le projet est d'être complet et accompli et cela s'acquiert en lâchant le « trop » de tes qualités ou de tes défauts. Être, c'est être ni trop ni pas assez. C'est être complet.

Il te faut pour cela avoir conscience de ces personnes, les repérer et faire preuve de discernement. Je vais donc essayer, du mieux que je peux de t'expliquer le plus simplement possible, les mécanismes qui se jouent dans ce monde.

Ici, il y a toujours tout et son contraire : la nuit et le jour, le chaud et le froid, l'horizontal et le vertical, le beau et le laid, le bien et le mal, etc…

Et tout est attiré, comme magnétisé par son

contraire, puisque l'un ne peut exister sans l'autre. Alors, vois-tu, les personnes qui te seront toxiques, soit, parce qu'elles seront trop malveillantes, trop méchantes, trop pessimistes, ou trop critiques, seront toujours attirées par toi, si tu es TROP gentil(le), trop bienveillant(e), trop tolérant(e) ou trop optimiste.

C'est un mécanisme universel : l'ombre est attiré par la lumière et a besoin de se nourrir d'elle jusqu'à la vampiriser. Jusqu'à vouloir la détruire s'il le faut. Et la lumière est toujours attirée par l'ombre pour l'éclairer, lui apporter ce dont elle a besoin pour la sortir de son obscurité. C'est un processus naturel certes, mais qui t'est souffrant et douloureux. Et cela te devient de plus en plus douloureux si tu t'inscris dans le TROP : trop gentil(le), trop doux(ce), trop protecteur, trop empathique, trop aidant(e)…

Bien sûr, il n'est pas question de renier qui tu es, mais simplement de l'offrir à ceux et celles qui sauront l'accueillir et le célébrer. Car oui, tu es un être sensible, adorable et fait d'amour (et c'est bien pour cela que je t'écris d'ailleurs) ; mais tu es souvent trop sensible, c'est-à-dire que tu es TRÈS sensible à la douleur, à la souffrance et donc sensible à la part d'ombre des autres et ta sensibilité te pousse à « trop » d'aide envers eux dans l'objectif de les « sauver » de leurs abysses.

Je vais illustrer mon propos sur des notions plus concrètes, plus matérielles en prenant les riches et les pauvres : les riches ont toujours besoin des pauvres pour les aider dans leur quotidien (faire le ménage, la cuisine ou exécuter une tâche précise) et les pauvres ont également besoin des riches (pour avoir un travail et donc un salaire ou pour pouvoir emprunter de l'argent aux « riches » banques). Nous sommes donc tous interdépendants des uns et des autres. Essaye de faire disparaître l'un des deux (riches ou pauvres) et l'équilibre n'y est plus, car l'un ne fonctionne pas sans l'autre. Je t'entends déjà me dire que tu trouves cela injuste et donc déséquilibré…

Comment faire alors pour que le rapport soit plus juste ?

On y revient ; ne pas être dans le « trop ». Être ni trop pauvre, ni trop riche. En étant pas trop pauvre, tu dépends moins du riche et vice-versa. Il serait, par conséquent, judicieux de savoir être riche et pauvre à la fois. Être riche et pauvre, c'est ne pas aller dans les excès, dans les extrêmes. C'est également être conscient que l'on peut être riche de certaines qualités ou aptitudes et pauvres dans d'autres domaines. Par exemple, on peut être riche financièrement et pauvre de savoirs et de connaissances et inversement. On peut aussi être pauvre de diplômes et riche de générosité et d'empathie. Quoi qu'il en soit, étant donné qu'il nous est néfaste de se trouver dans le « trop », il te sera utile de te confronter à ce qui te fait le plus peur : tes manques. Aller récupérer au fil du temps (tu as toute la vie pour ça) ce qu'il te manque pour retrouver l'équilibre. Pour cela, il n'y a pas trente-six moyens… Cela s'appelle sortir de ses zones de confort et aller vers ce qui te fait peur. Ne sois pas inquiet(e), il suffit simplement d'y aller tout doucement à petits pas en te réjouissant chaque fois de chacune de ces petites victoires sur tes peurs.

Tu vas donc te percuter souvent à la noirceur et aux profondeurs avides de certaines personnes qui viendront puiser en toi ce qu'ils n'ont pas encore trouvé en eux. Tu prends alors le risque de te faire vider de ta substance à force de vouloir trop donner. Si tu prends conscience de ces mécanismes, c'est formidable et cela t'aidera beaucoup et ce qui t'aidera en second temps, c'est le discernement. En attendant, sois rassuré(e) sur un point essentiel : cela ne changera pas ta nature qui est amour et lumière. Tu ne perdras rien de ta nature première.

Je reviens sur le discernement : discerner ce qui est bon ou mauvais pour toi. Ce qui est juste ou ne l'est pas pour toi. Ce qui est logique et illogique pour toi. Ce qui te paraît saint et ce qui ne l'est pas pour toi. Le plus important : ce qui te fait du bien et ce qui te fait du mal. Il te sera nécessaire de discerner tout cela face à certaines situations ou personnes. Pose-toi toujours ces simples questions si tu doutes face à une difficulté.

Enfin, en cheminant ainsi, tu trouveras l'équilibre. Car il s'agit bien de cela dans ce monde. Monde dans lequel tu y trouveras autant d'amour que de cruauté et il te faudra vivre constamment avec ces antagonismes puisqu'ici, tout est paradoxe. Alors, tu rétabliras l'équilibre en ne te trouvant jamais dans le TROP. Exerce-toi à ne jamais être dans ce « trop ». Il est un extrême et tu as pu voir à quel point l'extrémisme n'est ni bénéfique à l'homme, ni à son monde.

Tu te demandes alors comment savoir si tu n'es

pas dans le trop ? Comment savoir si tu es en équilibre ?

En étant juste. Être dans la justesse. Et cela commence par être juste avec toi-même. Toujours commencer par être juste avec soi-même. Par exemple : ne donne pas à l'autre ce que tu n'as pas.

Respecte tes valeurs et tes convictions et ne passe pas par-dessus sous prétexte de vouloir être gentil(le) et sous prétexte de ne pas vouloir blesser l'autre. Par exemple, faire les choses à la place de l'autre (dans l'idée de l'aider), alors qu'il est dans la capacité de faire.

Et si tu parviens à estimer que quelqu'un est toxique pour toi parce qu'il a de mauvais comportements avec toi, commence par te respecter Toi avant de le respecter lui et lâche-le. N'essaie pas d'aller le « réparer ». Cela est vain car un conflit finira naturellement par se créer : soit entre vous deux (car il ne t'aura pas respecté[e]), soit en Toi (car tu ne te seras pas respecté[e]). Or, tu n'es pas un être de conflit et tu n'as pas été créé(e) pour cela.

Dernière chose, ne culpabilise pas. Si tu dois sortir une mauvaise personne ou une mauvaise situation de ta vie, cela ne fait ABSOLUMENT PAS de Toi une mauvaise personne. Retire cette croyance erronée (vieille de deux mille ans au moins) de ta tête.

Irais-tu manger chaque jour un poison (toxique) jusqu'à te rendre gravement malade, en te disant que si tu ne le manges pas, tu fais du mal à quelqu'un ?

La réponse est non. La sous réponse est : tu ne fais du mal qu'à toi-même.

Laisse les personnes toxiques entre elles et rapproche toi de celles qui te ressemblent ; celles qui partagent tes mêmes valeurs, tes mêmes visions de la vie. Avale le bénéfique et recrache le toxique.

TA PLACE …

Ah ta place ! Et si on en parlait de cette place que tu n'oses pas prendre ?

Je parlerais même de «volume largement épanoui». Bien souvent, soit, on n'ose pas la prendre, soit on ne la trouve pas cette place !

Pourquoi ?

Parce que cette notion est erronée.

Parce qu'on ne t'en a jamais parlé.

Je sais que maintes fois tu ne te sens pas à ta place et que tu as l'impression de te confronter, de te percuter à des gens ou des situations qui ne te conviennent pas. C'est normal, car comme je te l'ai dit auparavant, il faut commencer à les lâcher et je sais que cela peut te paraître impossible, mais ces mêmes personnes et ces mêmes situations se représenteront tant que tu ne les auras pas lâchées. Une fois que tu auras lâché ce qui t'encombre, alors, tu pourras prendre ta place ; et crois-moi, tu n'as pas conscience de la place immense que tu as ici !

Alors il est temps que tu en aies conscience ! Car oui, ta place est large et imposante. Mais il te faut d'abord comprendre que ta place n'est pas dans la vie des autres ou dans la société. Non, elle n'est pas dans le regard de l'autre ! Ta place est au commencement, dans ta vie à toi. Dans ton lieu : ta chambre d'adolescent, ton studio, ton appartement ou ta maison. Elle est en premier lieu ici, car c'est l'univers que tu as créé. Créé pour qui ? Pour toi. Alors, c'est là que tout commence…

Ton lieu, c'est ton univers, ton monde. Et qui y prend le plus de place ? Toi, bien-sûr !

Tu te permets de prendre ta large place à cet endroit et sans même te poser de questions. Imagine maintenant, pour la plante qui orne ton salon ou ta chambre, la place immense que tu as pour elle. Elle ne voit que toi et tu vis devant elle chaque jour. Cet exemple est également valable pour ton chien ou ton chat. Eux, voient toute ta place et elle est immense. Commence alors, à prendre conscience de toute la densité que tu as au sein de ton propre univers. Prends-en conscience chaque matin s'il le faut. Ensuite, prend conscience de ta place dans ton monde, dans ta vie.

Cette vie que tu vis…qui y tient le plus grand rôle hormis toi ?

Ta famille ? Tes amis ?

Oui, sûrement.

Mais, s'il te plaît, permets-toi d'occuper la plus grande place dans ta vie. Sans aucune prétention et sans la moindre culpabilité, car tu sais, prendre sa place, ce n'est pas faire du mal ou réduire l'autre, non, ce n'est pas cela. Ne l'oublie pas, l'univers, la vie ou Dieu t'ont donné la plus grande place à tenir dans cette vie, dans TA vie. Remémore-toi, que l'univers a concentré toutes ses forces pour que tu sois vivant(e) et que tu prennes place dans ce vaste monde. Prends maintenant conscience de la place que tu as maintenant, ici. La place que tu occupes dans ce monde du vivant, où le règne minéral, végétal, animal et humain co-existent. Prends conscience de toutes ces matrices vivantes et du rôle que tu as à y jouer. Regarde tout ce que tu peux faire pour ce vivant. Tout ce que tu peux « mettre en place » pour lui. Contribue à faire vivre ces règnes, ce vivant, car s'il y a bien une notion qui soit parfaitement fiable et sécure, c'est la notion du vivant. Alors prends ta place auprès de ces règnes vivants car tu l'as plus que tu ne peux l'imaginer, puisque la création t'a voulu(e) vivant(e) à leurs côtés.

Tu as tellement à faire pour contribuer à la continuité de cette vie sur Terre. Les possibilités sont multiples si tu sais voir les choses sous cet angle. Et sois fier(e) de contribuer à cette vie. Sois fier(e) de prendre cette place au sein de ce monde qui t'a voulu(e) et conçu(e) pour l'honorer, bien avant même que tes parents ne te désirent et participent à ta conception. Tu as été enfanté(e) par la vie parce que TU ES la vie et que tu enfanteras la vie.

Concentre-toi là-dessus et ne te pose plus de questions comme : « quelle est ma place dans ce monde ? ».

Tu trouves ta place ici, lorsque tu comprends que tu es la vie et qu'elle t'a implicitement créé une place qui t'est propre. N'en doute pas une seule seconde. Il n'y a pas de question comme :
 - Quelle est ma place ? ou - Où est ma place ?
 Il n'y a qu'une affirmation : J'ai ma place ici.

Ne doute pas une seule seconde de cela.

MAINTENANT ? … ÊTRE !

Être… C'est censé « être » la chose la plus facile à faire puisque tu es un « être humain » ! Et pourtant, c'est l'œuvre la plus compliquée qui soit !

Pourquoi donc ?

Premièrement, parce que tu es fait(e) de milliards de param-êtres. Ton caractère, ta personnalité, ton héritage transgénérationnel (tu es le fruit d'environ deux cent mille vies !), ton vécu, celui de tes parents que tu portes en toi, tes capacités, ta vision personnelle des choses, toutes les influences planétaires, les influences sociétales, culturelles, historiques… Bref, la liste est très longue. Un éventail de paramètres bien trop vaste à étudier dans lequel il est facile de se perdre (j'en sais quelque chose !).

Deuxièmement, et c'est là le point le plus important car il concerne ton présent : on ne t'a pas appris à être tout simplement ! Cela n'est pas entré dans notre modèle éducatif ; du moins, pas pour l'instant. Effectivement, on t'a d'abord appris à FAIRE. Faire un certain nombre de choses comme : parler, marcher, manger, être propre, lire, écrire, calculer, étudier, effectuer des exercices de toutes sortes. Faire, faire, faire encore et encore ! Jouer, apprendre la danse ou un sport ou de la musique, … Rien de négatif en soi, mais il s'agit là de faire. Uniquement.

Ensuite on t'a appris à AVOIR : avoir de bonnes notes à l'école, avoir des cadeaux de Noël, avoir des cadeaux d'anniversaire, avoir un compte en banque, avoir ton permis de conduire, avoir un travail, un logement, des vêtements, un amoureux ou une amoureuse, avoir de l'argent, etc., etc… C'est ici l'heure d'avoir ! Avoir, posséder, des biens ou quelqu'un ; mais avoir à tout prix jusqu'à, bien souvent, l'avidité. Très bien. Rien de négatif tant que cela ne te plonge pas dans la névrose ou la surconsommation.

Le faire, l'avoir.

Et l'être ?

A quel moment t'apprend-on à être ? A quelle heure ?

Pas souvent, tu en conviens. Et c'est bien là le souci. On ne t'a pas enseigné l'art d'être. Mon dieu, quel dommage !

Sais-tu quand on apprend à être ?

Eh bien, le plus souvent, on l'apprend à nos dépends ; lors d'épreuves ou de difficultés rencontrées. Quel dommage ! Ou bien souvent encore, on commence à être une fois qu'on a tout fait et tout eu : et c'est déjà l'heure de la retraite ! Mais quel dommage !

Est-ce que la notion d'être serait alors d'ordre philosophique ?

C'est ce que beaucoup de philosophes suggèrent oui.

Quel dommage, quand la nature propre d'un humain est d'être ! Quelle aventure délicieuse et fabuleuse que de vivre en étant parfaitement soi-même ! Quelle aventure de quitter le moule de tous nos conditionnements ! Tout ce qui nous a conditionné depuis l'enfance. Quel émerveillement sur soi-même que d'oser être dans toute sa puissance ! Se le permettre. Se l'autoriser. Se l'offrir. Mais on ne t'apprend pas cela malheureusement. On ne t'en parle même pas.

Et tu sais ce qui découle de cette ignorance à être soi-même ?

La peur. Oui tu crains d'être l'être non-conditionné ; car tu aurais peur de moins plaire aux autres. Alors tu n'oses pas. Tu voudrais bien pourtant ; car tu le sens que ça tape à la porte ! Mais tu n'oses pas. Tu n'oses pas car, toi-même, tu ne connais pas cet être sorti de ses conditionnements. Ce n'est pas que tu ne le connais pas, c'est que tu ne l'as jamais vu à l'œuvre. Tu ne l'as jamais vu car, pour toi, cela te donnerait la sensation de trahir ces conditionnements… Trahir ce que l'on t'a enseigné. Quel dommage ! Pourtant, chaque grand peintre, chaque grand musicien, chaque grand chanteur a été l'élève d'un maître. Et le miracle se produit lorsque l'élève dépasse le maître. Lorsque que l'élève ose enfin assumer sa singularité en ne culpabilisant plus de trahir les enseignements de son maître. La merveille surgit alors de ses eaux.

Je te dis cela parce que j'aimerais beaucoup que l'on t'apprenne à être le plus tôt possible dans ta vie. Que cela puisse être enseigné dans les écoles par les adultes accomplis dans leurs états d'être. Et si cela ne t'était pas enseigné, alors j'aimerais que tu oses être, sans peur et sans culpabilité, bien avant l'âge de ta retraite ! Le plus tôt possible… Au milieu de tout ce que tu auras à faire et à accomplir, à avoir et à posséder au cours de ta vie, s'il te plaît, pense à Être. Penses-y régulièrement.

TA CONFIANCE

Aie confiance en toi !

Dieu que cette phrase a été abstraite pour moi pendant de nombreuses années ! Et comme je n'y arrivais pas ! On avait beau me le dire, me le répéter ou bien me demander pourquoi je n'avais pas confiance en moi… et bien, je n'avais pas confiance en moi !

Mais pourquoi ?

Bien sûr, parce que mon système de confiance avait été mis à mal. Cette confiance en l'autre avait été déçue maintes fois et ce que je considérais comme des échecs (nous en reparlerons plus tard de l'échec) m'avait fait perdre confiance en moi.

Mais pourquoi alors, cette confiance ne se réparait-elle pas ?

Pourquoi n'arrivait-elle pas à se reconstruire ?

Et bien voilà mon analyse de la chose : l'humain, vois-tu, se développe depuis des milliers d'années sans se rendre compte de ce qu'il est vraiment. Et de « comment » il se développe. Car pour voir une chose telle qu'elle est, il faut pouvoir l'observer. Et pour la voir se développer, il faut y être extérieur.

Prenons l'exemple d'une plante verte chez

toi : elle ne se voit pas telle qu'elle est et n'a pas conscience du reste du règne végétal dont elle est issue ; elle en contient la mémoire, mais pas la conscience. Toutes ses forces sont concentrées à sa germination, sa croissance, sa floraison. Elle ne se voit pas, elle ne se regarde pas. Elle n'est pas jugée par ses congénères végétales non plus. Elle pousse. C'est tout. En revanche, toi, tu peux l'observer, la regarder pousser. La regarder prendre sa place chaque jour un peu plus. Parce que tu es extérieur(e) à elle.

C'est la même chose pour toi au départ : toutes tes forces sont monopolisées, concentrées pour te faire grandir, sans même que tu en prennes conscience. Nous sommes donc incapables de nous voir tels que nous sommes. Du moins, dans les premières années de vie, jusque cinq ou six ans. A cet âge, l'observation s'aiguise : la notion du jugement arrive…vite, de plus en plus vite. On observe, on compare et on juge. On est observé, comparé et jugé. Et l'on peut recevoir un « t'es moche » en cour de récréation de maternelle qui va nous faire mal et perturber cette notion de confiance en soi et en l'autre dont nous n'avons même pas encore pris conscience.

Pourquoi n'en avons-nous pas conscience d'ailleurs ?

Et bien parce qu'un bébé ou un petit enfant fait automatiquement confiance en ses parents. Il le fait instinctivement parce qu'en fait, il n'a pas le choix ! Sa survie dépend de ses parents. Alors oui, il fait confiance aveuglément sans en avoir conscience. Confiance totalement naturelle.

Mais, car oui, il y a un mais…

Mais comment faire confiance à un parent qui n'est pas fiable ou à un adulte potentiellement dangereux ?

Car oui, l'humain n'est pas fiable. Il ne l'est pas par nature et pour plusieurs raisons. Ses comportements, ses humeurs, ses paroles, ses actes, ses pensées sont des phénomènes changeants en permanence. Par exemple, on peut être de très bonne humeur et se trouver dans une colère noire dix minutes plus tard. On peut également gronder son enfant parce qu'il a fait une bêtise, puis lui faire un câlin quinze minutes après (pris de culpabilité) comme pour effacer sa remontrance. On voit bien que l'humain n'est pas fiable.

Et je ne te parle même pas des menteurs, des imposteurs ou des manipulateurs (hommes ou femmes) ! Non l'humain n'a aucune fiabilité ! Il est comme des sables mouvants. Le sable à l'air normal d'aspect et pourtant, si je marche dessus, il m'aspire le pied.

Comment donc peut-on lui faire confiance alors même que cette confiance se construit sur la fiabilité ?

L'humain n'étant pas fiable du fait de sa nature mouvante, alors, à qui, à quoi pourrait-on se fier ?

En quoi avoir confiance avant de pouvoir avoir confiance en soi ?

Eh bien, à ce qui est fiable !

Et qu'est-ce qui est fiable ?

Ce que tu vois chaque matin : le soleil qui se lève chaque jour (même s'il y a des nuages, tu sais qu'il se lève au-dessus d'eux) depuis des milliards de jours. A l'arbre que tu croises sur le trajet de l'école ou du travail, qui est là chaque matin lui aussi. A cette montagne imposante, posée là depuis des centaines de milliers d'années. Et là pour l'éternité sûrement. Aux oiseaux que tu vois chaque jour. A la lune, toujours fidèle au poste, elle aussi. A l'herbe sur laquelle tu gambadais étant enfant et qui, elle aussi, est toujours là dans le jardin de Mamie. Aux galets de la plage, à son sable ; à la mer et aux océans toujours là eux aussi. A ce ciel sous lequel tu te trouves chaque jour. Et enfin, à cette Terre qui te porte et se charge de te nourrir depuis ton premier jour.

Fais confiance en tout cela d'abord ; le reste viendra au fur et à mesure que tu y verras plus clair à l'aide de ta conscience. Fais confiance en cela et vois à quel point c'est fiable puisque tout est là chaque jour. Fais confiance « au vivant » car il est vraiment question de cela : faire confiance au vivant, c'est avoir confiance en la vie. Vive-en. Vie-vent.

Lorsque tu auras compris et intégrer cette notion, c'est-à-dire, comprendre qu'ici tout est question du vivant en mouvement depuis des éons, alors tu sauras faire confiance en la vie et tu feras confiance, non pas en l'homme, ni à quelqu'un en particulier, mais aux milliards d'humains en vie et en mouvement. C'est de cela qu'il s'agit. Nous voir comme une unité de sept ou huit milliards, vivante et en mouvement depuis des millénaires, avec cette magie d'être chacun unique ! Fais confiance en ce principe du vivant, pas en le détaillant non, mais en t'y intégrant. Je fais partie de cette mécanique FA-

BU-LEUSE du vivant qui me prouve chaque jour à quel point elle est fiable et illimitée en regardant la nature autour de moi et en prenant conscience que la vie crée du vivant tout le temps, partout et en nombre inconsidérable.

Ne regarde pas dans le microcosme d'un humain, regarde toujours plus haut. Regarde plus grand et vois cette globalité qui est rassurante et pérenne et en qui tu peux avoir confiance. En te sentant intégré(e) à cette IMMENSE machinerie vivante, à cette globalité, alors, tu auras naturellement confiance en toi car tu ne vivras plus dans la séparation ; tu ne t'en sentiras plus sépare(e), isolé(e). Tu ne seras plus déstabilisé(e) par les humeurs changeantes de tes congénères et les déceptions qu'ils provoquent chez toi. Tu seras intégré(e) et tu sauras instinctivement que tu as ton rôle à jouer, puisque l'univers t'a programmé(e) et conçu(e) pour jouer ta partition dans sa symphonie. De là, tu comprendras que tu ne peux pas perdre confiance en toi à la suite d'un échec. Car il n'y a pas d'échec dans une telle symphonie. Il y a du travail, de la perfection, quelques fausses notes (cela arrive, oui), des répétitions, des harmonies, des accords à faire…

Mais pas d'échec. L'échec c'est une construction du mental, il existe pour les humains en mal de compétition. Mais rassure-toi, si tu n'es pas compétiteur ou compétitrice, l'univers, la terre et la nature, elles s'en foutent pas mal de tes échecs ! Et eux sont toujours là, à chaque seconde. Alors détends-toi avec cette notion d'échec et laisse là aux bavards qui ont toujours quelque chose à prouver !

Si tu comprends que tu fais partie intégrante d'une intelligence bien plus élevée qui a été capable de créer du vivant par milliards d'entités et que tu fais confiance en cette force, alors tu auras confiance en la vie.

Et si tu as confiance en elle, tu auras confiance en toi.

TON CORPS

Tout au long de ta vie, aie conscience que tu habites la machine la plus extraordinaire qui soit ! En effet, ton corps est la mécanique la plus sophistiquée, la plus technologique et la plus perfectionnée qui puisse exister sur cette Terre.

Là, tu peux me croire, même l'intelligence artificielle ne pourra pas lui arriver à la cheville !

Pourquoi ?

Parce que ton corps possède tant de mécanismes et de fonctions que cela dépasse l'entendement. C'est d'ailleurs en étudiant l'anatomie, la biologie, la biochimie et la physiologie que j'ai réellement compris l'existence de ce qu'on appelle Dieu. Je ne te parle pas de Jésus, de Mahomet, de Moïse ou de Buddha désignés comme ses prophètes. Non, rien de rattaché à une « reli-gion », je te parle d'une force si puissamment créatrice et intelligente qu'il serait impossible de la nommer car ce serait l'annihiler et la restreindre.

Vois-tu ?

Je pourrais t'écrire des milliers de pages sur la perfection sublime des mécanismes de ton corps tant ils sont fabuleux ; mais je vais simplement te donner quelques exemples très simples de ce dont il est capable :

-Sais-tu, que tu possèdes environ cent mille kilomètres de veines, d'artères et de capillaires pour irriguer ton corps ?

Soit, en distance, deux fois le tour de la terre !

-Sais-tu, que tu possèdes plus de quatre-vingt-cinq milliards de neurones ce qui représente environ cent soixante-dix mille kilomètres, et que l'information passe entre chacun à trois cents kilomètres heure ?

-Sais-tu que chacune de tes cellules (trente mille milliards selon la science) est un organisme vivant qui respire, se nourrit et défèque comme toi ?

-Sais-tu que tout ce système est irrigué de manière continue par seulement cinq litres et demi de sang ?

Le tout en circuit fermé !

-Sais-tu que ton ADN, bien plus fin qu'un cheveu, mesure 2 mètres de long et qu'il est logé dans le noyau de chaque cellule qui lui-même (le noyau) ne mesure qu'entre cinq et six microns, c'est-à-dire 0,005 millimètre ?

-Sais-tu que si l'on déployait, si l'on mettait à plat la surface de tes poumons, alvéoles par alvéoles et vaisseaux par vaisseaux, ceux-ci ont la surface d'un court de tennis ?

-Sais-tu que tout est toujours parfaitement protégé ? Qu'aucun liquide n'est capable de se mélanger à un autre même lorsque tu cours ? En effet, par exemple, ton fluide stomachal ne déborde pas de ton estomac lorsque tu bouges.

-Sais-tu que le PH de ton estomac justement, se situe entre 1,5 et 3, ce qui correspond à de l'acide chlorhydrique et donc, que ton doigt trempé dedans y fondrait en quelques secondes ?

-Sais-tu enfin ?

Et oui, cela, tu le sais, que tous ces systèmes sont enveloppés par une matière double-face totalement étanche et imperméable, d'une douceur incroyable, capable de relarguer des toxines (déchets) et d'absorber de l'eau, des graisses et même les rayons du soleil pour en faire une vitamine (D). Il s'agit bien entendu de ta peau.

Tout cela n'est qu'un infime échantillon des prouesses extra-ordinaires de ton corps. Alors, oui, vraiment, lorsque tu étudies cela dans les moindres détails, tu ne doutes plus de l'existence d'un Dieu, bien éloigné de ce que nous content les religions !

Ton corps est un chef-d'œuvre, qui moi, me coupe le souffle ! Alors, je t'en prie, aime-le et prends-en soin. Et surtout, ne t'en éloigne pas. Ne t'éloigne pas du vivant car tu es « du vivant » posé là : entre Ciel et Terre, dans ce corps, dans cette bio-logie.

ÊTRE… BIOLOGIQUE OU NUMÉRIQUE ?

Tu vas avoir le choix.

Le choix entre devenir un être numérique ou rester un être biologique.

Pourquoi ?

Parce que la société qui manie les humains travaille à cela ; à ta numérisation, à ta virtualisation. Je ne pose pas de jugement là-dessus. En revanche, je me pose dessus et je me pose les questions.

Comme tu as pu le comprendre, tu es la vie. Tu es le vivant. Tu es cette biologie phénoménale qui dépasse ce qui est croyable. Car oui, la vie c'est de la biologie (bios : vie, logos : étude) liée aux émotions.

Et tu sais quoi ?

Lorsque tu ressens une émotion, de la joie ou de la colère par exemple, ton corps change ses paramètres biologiques !

Et oui ! Et rien que ça, c'est extraordinaire !

Une biologie présente partout depuis des millions d'années et donc fiable ; en qui tu peux avoir confiance puisqu'elle en fait ses preuves depuis des éons.

Aujourd'hui, ceux qui décident pour nous, les gouvernants, travaillent d'arrache pied à la numérisation. Ils ont commencé par les objets, le matériel. Objets qui ont envahi ton quotidien et dont tu ne peux plus te passer… Et maintenant, ils s'attèlent à l'humain. Numériser l'humain en modifiant son ADN naturel pour le rendre aussi fonctionnel qu'un objet. Ils y parviennent puisque nous en sommes à humaniser des objets : nos téléphones, nos ordinateurs, nous parlent comme des humains et ils humanisent également des robots afin qu'ils nous ressemblent le plus possible.

L'effet inverse de tout cela, vois-tu, c'est celui de déshumaniser l'homme.

Comment ?

En le mettant le plus en contact possible avec des objets numériques, ce qui aboutit à faire en sorte qu'il passe la majorité de son temps avec ces objets plutôt qu'avec ses semblables.

Comment encore ?

En te modifiant génétiquement par ce que tu ingères et ce qui entre dans ton corps.

Alors que choisis-tu ?

Te dé-biologiser ou te re-biologiser ?

Il est nécessaire de te poser cette question. Que veux-tu pour toi ? Entre ces deux options, en laquelle as-tu le plus confiance ?

Que te faut-il pour être bien ?

Être au service du numérique, et en devenir esclave ?

Ou que le numérique te serve ?

Te servir de lui, pour étendre et protéger la biologie dont tu fais partie ?

Tu choisiras en ton âme et conscience. Tu seras

parfois un peu perdu(e) dans tout cela et ce sera bien normal. Et si jamais tu l'étais, je peux simplement te dire, t'aider, en te disant qu'à ces moments où tu te sens dans la confusion, reviens vers ton corps : ferme tes yeux quelques minutes et regarde à l'intérieur de ton corps. Visualise ou imagine l'intérieur de ton corps. Repense aux milliards de cellules que tu abrites. Repense à la lumière et à l'amour que ton corps garde bien au chaud. Restes-y quelques minutes. Je te rappelle que tu baignes dedans. Et quelques instants plus tard, tu seras recentré(e). Tu ne te sentiras plus perdu(e) ou déstabilisé(e) car ton corps, à partir du moment où tu te connectes à lui, te donne les réponses très rapidement…

Reviens dans ta bio-logie. N'oublie pas que les informations y circulent à plus de trois cents kilomètres heure !

Fais lui confiance…tes yeux fermés. Ecoute tes silences, ils sont pleins de tes réponses.

ÊTRE TOI -MÊME

Tu sais, ce qui sera peut-être le plus dur dans cette vie, ce ne seront pas les souffrances, les pertes ou les coups durs de la vie…Non. Rassure-toi, l'humain est conçu pour être fort sur beaucoup de plans. Aussi bien physiquement que moralement. Il a des capacités hors-normes de courage et de résilience.

Ce qui est le plus dur pour l'humain, c'est d'arriver à être lui-même. Être soi-même est une quête. Peut-être le but ultime du chevalier ou de la chevalière que tu es. Si un jour, tu trouvais cela difficile, souviens-toi :

Ne cherche pas à devenir le produit fini de tel ou tel diplôme. Tu veux juste être Toi.

Est-ce que l'on pourrait te diplômer d'être toi-même ? Est-ce que l'on pourrait te discerner un diplôme pour être qui tu es ?

Non, bien-sûr !

Alors, certes, tu peux apprendre pendant des années sans vouloir te faire diplômer.

Est-ce que cela fera de Toi quelqu'un d'incomplet ?

Non.

Tu es toi-même et initialement, tu n'as pas besoin de te faire certifier, officialiser, valider, par un diplôme. Tu n'auras pas besoin de « ça » pour être toi-même. Ce ne sont pas les validations ou les certifications qui te feront sentir qui tu es…

Les diplômes ne viennent officialiser que ton travail et tes acquis. Tu peux avoir une multitude de connaissances, de capacités que la société aura besoin de justifier, de crédibiliser en te diplômant.

Mais naturellement, tu n'as pas besoin de te justifier de qui tu es ou de ce que tu es. En tous cas, la nature, la vie, ne nous l'ont jamais demandé et ne le demandent à aucun être vivant ici-bas. Aucun être vivant (animal ou végétal) ne se justifie par des diplômes de ce qu'il est. Même Dieu ne nous l'a jamais demandé ! Tu n'es ni une fonction, ni un statut.

Evidemment, j'ai énormément d'admiration pour tous ces chercheurs, ces physiciens, ces professeurs surdiplômés car cela représente un travail colossal. Mais si toi, tu n'as pas tous ces diplômes et que tu te sens du coup « inférieur(e) », souviens-toi, que ni la vie, ni même Dieu, ne te demandent d'être diplômé(e) pour être quelqu'un. Parce que tu n'es pas quelqu'un. La vie t'a créé et te demande d'être Toi-Même autant que tu puisses l'être et elle ne te demandera aucun diplôme en retour. Il n'y a que la société et le regard de l'homme qui t'en demanderont.

Et finalement, quel est le but ?

Allez au bout de longues études pour être diplômé(e) et reconnu(e) par la société ?

Ou aller au bout de qui tu es ?

La réponse tu la choisiras.

Et moi, je te dirais que tu es parfaitement capable des deux. Tu seras parfaitement capable d'aller jusqu'au bout des études qui te passionnent et de t'en faire diplômer, car il s'agit là de te diplômer toi-même de ce qui t'anime et te fait vibrer. Le diplôme validera ton travail et tes acquis, mais avant d'aller chercher la validation des autres, va chercher ta propre validation. Diplôme-toi de réaliser tes passions, de ce qui t'anime et te fait frissonner de plaisir. En outre, ne te focalise pas trop sur ce que les gens et la société pensent de toi.

Pense surtout à être Toi-même.
Sois Toi.
Dans toute ta splendeur.

TON CŒUR

Je vais te parler de ton cœur…

Tu sais, celui qui bat sans s'arrêter pour irriguer tes cent mille kilomètres de tuyauterie. Celui qui a ce courage de pulser sans cesse pour pouvoir nourrir ces hôtes. Celui qui anatomiquement, donne de l'oxygène à tes millions de cellules comme un roi nourrit son peuple ; bienveillant et fort. Ce roi-là ne se bat pas, il ne fait pas la guerre comme le font les humains.

Non, ce cœur, bat pour son peuple, pour les milliards d'organismes qui constituent son royaume : ton corps. Il est fort et courageux et c'est lui qui permet à chacun de tes organes de fonctionner merveilleusement. Il est comme le métronome qui donne le rythme à tous. Le repère (l'heureux père) de tous tes systèmes corporels et de tous tes organes. C'est ce qu'il est biologiquement.

Mais il n'est pas que cela, ton cœur n'existe pas que biologiquement. Tu n'as que trop regardé ce cœur de manière mécanique, or il est temps de le voir dans tout ce qu'il est. Ferme les yeux. Regarde-le. Regarde comme il est fort, comme il est puissant, lui qui est toujours là malgré tes aléas, tes souffrances. Il est là, toujours. Fort, royal et grand. Bien plus grand que tu ne le visualises, car, oui, je sais bien que tu le vois petit, de la taille d'un poing, puisque les hommes ont toujours besoin de tout mesurer !

Ça les rassure et leur permet de se dire qu'ils savent, puisqu'ils ont mesuré ! Cela me fait souvent bien rire car, crois moi là-dessus, finalement, on ne sait pas grand-chose de nous-mêmes ! Et cela n'est absolument pas grave puisque le chemin c'est de découvrir justement ; pas de savoir.

Revenons à ton cœur et visualise à quel point il est fort et puissant. Tu ne le voyais pas si grand car le monde l'a casé dans une fonction purement mécanique, celle de battre et celui-ci n'est devenu qu'un détail anatomique. Malheureusement, on ne t'a jamais appris à regarder ton cœur, à être avec lui et lui avec toi, à lui redonner toute sa royauté, sa place.

Et surtout à lui laisser les commandes. C'est ce que chaque être humain fait pourtant instinctivement : agir par le cœur. Oui, c'est ce que fait chaque enfant naturellement ! Il interagit avec le monde qui l'entoure (famille, enfants, environnement) avec son cœur.

Tu te rappelles ?

Oui, durant tes premières années jusque six ou sept ans, c'est lui qui était aux commandes. C'est ce bon roi qui régnait. Puis, on t'a appris à raisonner et à vivre par ton cerveau (ton cortex) : penser, réfléchir, compter, lire, analyser… On t'a appris cela et on t'a laissé vivre avec comme ça. On a laissé le cerveau aux commandes et tu as vécu comme ça.

Mais laisser le cerveau piloter ton être, c'est utiliser le mental ; et quel est l'un des principaux outils du mental ?

La peur.

Alors, oui, tu as passé ton temps à devoir raisonner et organiser ta vie en ayant peur. Parce que l'on t'a appris à vivre avec ton cerveau. Sincèrement, je trouve cela tout à fait dommage…

Tu es d'accord avec moi ?

Mais la bonne nouvelle, c'est l'adage : « chassez le naturel, il revient au galop ! »

Pourquoi ?

Parce qu'il suffit à l'homme de prendre de l'âge (souvent l'âge de la retraite), pour lâcher le mental et revenir au cœur. Lui redonner sa place de souverain. Attendre la retraite, tu conviendras, que c'est un peu long, n'est-ce pas ?

Il est alors temps que tu saches que tu peux tout à fait redonner les commandes à ton cœur !

Comment faire ?

Voici une clef, qui devrait t'aider en la pratiquant régulièrement, chaque jour si besoin. Visualise ton cœur prendre une immense place dans ton thorax. Une place à la hauteur de sa force et de sa puissance. Le cockpit est dans ton thorax et ton cœur est aux commandes. C'est lui qui réfléchit, qui pense et analyse. C'est lui qui donne la trajectoire et prend les décisions. C'est lui qui donne les ordres au cerveau. Fais-lui entièrement confiance, il a des milliers d'heures de vol à son actif. Il sait faire décoller et atterrir l'appareil (ton corps) chaque jour, calculer les meilleures trajectoires pour éviter les turbulences. Il sait gérer les trous d'airs, évite les zones orageuses, gère les pannes techniques.

Contrairement au mental, il n'a aucune peur ni aucun doute lui ! Il sait toujours quoi faire en toute situation, puisqu'il connait tout de toi. Cela vaut vraiment le coup de lui laisser les commandes ! Oui, ton cœur ne connaît pas la peur.

Etonnant, hein ?

Pourquoi ?

Parce qu'il est lui-même la vie. Il est la vie. Il est aussi puissant et aussi fort que la vie car il est la vie. Sans lui, pas de vie. S'il ne bat pas, tu ne vis pas. Et s'il est la vie, par conséquent, il est en parfaite symbiose avec cette vie en toi et devant toi. En parfaite cohérence avec ta vie et tout ce que tu vis. Il connait tout de la vie et connait tout de toi. Avoue qu'il n'y a rien de plus rassurant tout de même.

Dernière chose, parce que j'entends déjà les peurs de ton mental me poser les questions…

Agir et vivre avec son cœur, ce n'est pas être « trop » gentil et se faire manger ou maltraiter par les autres. Non. Ton cœur fort et grand comme il est, sait parfaitement ce qu'il te faut et ce qu'il ne te faut pas et saura par conséquent, mettre toutes les limites nécessaires. Il connait chacun de tes besoins et saura prendre les meilleures décisions pour toi ainsi que les meilleures directions. S'il faut s'éloigner de personnes toxiques pour que tu ailles mieux, il le fera. Enfin, prends conscience qu'il est parfaitement complet, il détient la complétude du monde dans tous ses aspects et plus précisément dans la notion de féminin et de masculin. Ton cœur contient toute la puissance masculine et toute la puissance féminine. Il est les deux. Il est ce couple royal. Et c'est en partie pour cela qu'il saura si bien te guider.

Enfin, si tu as du mal à faire cette visualisation que je te propose, alors n'hésite pas à directement le mettre dans ton cerveau et laisse-le prendre les commandes de ta boîte crânienne et vois comme le mental se déplace pour lui laisser quasiment toute la place. Je te laisse apprécier cet exercice qui te libèrera de tes peurs.

LE PARADOXE

Tu l'auras compris, ici, tout est tout et son contraire !

Cela ne nous est pas confortable et l'on pourrait même se dire que c'est bête tant c'est contradictoire, n'est-ce pas ?

Mais si on allait regarder justement toute l'intelligence de ce mécanisme… ?

Oui, c'est un phénomène intelligent et d'une puissance incroyable lorsqu'il est compris. Je vais te donner un exemple simple, mais tellement parlant : prenons l'exemple d'une pile de montre. Pour qu'elle fonctionne elle doit être munie d'un courant positif (la cathode, le pôle +) et d'un courant négatif (l'anode, le pôle -). Il lui faut ces deux polarités pour qu'elle puisse se mettre en route.

Il en est de même pour la batterie d'une voiture. Sans batterie et donc sans courant (positif et négatif) la voiture ne démarre pas.

Il leur faut donc ces deux polarités pour fonctionner parfaitement.

Eh bien, tu sais quoi ?

Il en est de même pour toi ! C'est une des lois universelles du vivant et c'est certainement pour cela que ce monde est truffé de cette notion paradoxale. Le positif n'avance pas sans le négatif.

Me croiras-tu, si je te dis que ton cœur fonctionne exactement comme une batterie de voiture ?

C'est pourtant bien le cas ! Il bat grâce à des impulsions électriques de nature positives et négatives.

Revenons maintenant à toi en appliquant ce mécanisme… Si tu as tendance à être trop gentil(le), trop empathique, trop doux(ce) et que tu préfères ce qui a attrait à ces notions comme la lecture, le yoga, la danse ou la spiritualité, alors, s'il te plaît, va chercher, va récupérer ce qui est à l'inverse et expérimente-le. Va, par exemple vers des activités plus dynamiques, plus denses comme les sports de défenses ou les arts martiaux ou par exemple lance-toi à jouer de la batterie.

Cela ne changera pas chez toi ta douceur et ton empathie puisque celles-ci font partie de ce qui est inné chez toi. Tu garderas ces caractéristiques à vie. Mais il s'agit là de te diriger vers l'acquis : ce que tu peux acquérir. Pour que l'équilibre se fasse en toi. Pour que tu atteignes ta complétude.

Au contraire, si tu as un tempérament impulsif et hyperactif avec un physique de gaillard(e), dirige-toi alors vers des activités plus douces comme le yoga ou la relaxation. Cela te paraitra infaisable au départ, puisque c'est aux antipodes de ce que tu es…

Mais fais-en l'expérience et tu verras à quel point tu y trouveras des bénéfices et à quel point cela te permettra de mieux avancer dans ta vie car tu maîtriseras les deux polarités en toi : positif et négatif, féminin et masculin. Et tu rouleras aussi vite que la voiture dont je te parlais un peu plus haut. Cela accroîtra également ta force et ta confiance en toi. Tu découvriras chez toi, des choses que tu ne soupçonnais pas tant que tu n'en avais pas fait l'expérience.

Si tu te sens fragile, inférieur(e) ou même victime de ce monde, ne cherche pas à accentuer ces émotions dans des activités liées aux émotions ; tu risquerais de tomber dans le « trop » et tu sais à quel point le « trop » ne nous fait pas de bien. Cherche plutôt à te muscler, à te densifier, à développer ta force et tu verras ô combien cela te sortira de ta place de victime et comme tu en ressentiras un bien-être sur tous les plans, aussi bien physique que psychologique.

Voilà à quoi servent tes « trop » ou tes « manques » : à te réaliser pleinement si tu acceptes de les expérimenter et de sortir de tes zones de confort. Car, tes manques, tu en rêves la nuit !

Combien ai-je vu d'adolescents et d'adultes se sentant faibles et inférieurs, rêver de pouvoir se défendre avec force et aplomb ?

Combien de timides ai-je vu rêvant de devenir comédiens ou conférenciers ?

Combien ai-je vu de colériques rêvant de pouvoir être diplomates ou médiateurs afin de gérer des conflits ?

Tu vois, nos manques, nous en rêvons…mais ils nous font peur, alors nous n'allons pas vers eux. Pourtant, il suffit de peu. D'un cours de sport, d'un cours de théâtre, d'un cours de danse ou de méditation.

L'équilibre c'est de pratiquer un métier pour lequel tu as des aptitudes (ce qui est inné, facile pour toi) et de faire vivre à ton corps des activités inverses à ce que tu maîtrises : sport, musique, chant ou théâtre (l'acquis, ce que tu dois acquérir).

Enfin, réconcilie pour toujours le bien et le mal. Place ces deux notions dans ton cœur et renoue-les ensemble, comme on noue un magnifique nœud. N'aies aucune crainte de faire cela…. Ça ne fera pas de toi quelqu'un de mauvais, ne t'inquiète pas !

Tu découvriras à quel point il est libérateur de relier ensemble ces deux notions. A quel point cela va alléger, guérir et renforcer ton cœur. Redonne-lui sa puissance et sa complétude.

J'espère que ces clefs t'aideront.

D'OÙ VIENS-TU ? QUI ES-TU ? OÙ VAS-TU ?

Tu possèdes toutes les caractéristiques de la Terre et des cieux. Nous pourrions donc dire que tu viens de la Terre et des cieux. Ou nous pourrions dire que tu viens des cieux pour faire une expérience : une vie terrestre. Et nous pourrions dire encore que tu viens de la Terre pour cheminer jusqu'aux cieux.

Tu vois comme la réponse à cette question peut être vaste…

Je te dirais alors que ton corps vient de la terre dans la mesure où il est totalement fait à l'image de celle-ci et que ton âme, ta conscience viennent, elles, des cieux car elles ne sont pas palpables ; tout comme le sont les nuages et le ciel. Tu peux donc t'offrir le luxe de te dire que tu viens de deux plans différents !

Offres toi ce confort, toi que l'on a tant restreint depuis des millénaires à n'être qu'une seule chose alors que tu peux être absolument tout et son contraire en parfaite harmonie comme le sont la terre (la matérialité) et le ciel (l'immatériel). Prends ce luxe de te dire que tu ne viens pas que d'un seul endroit et que tu ne peux donc pas être qu'une seule chose à la fois.

Je vais néanmoins pouvoir te répondre de la manière la plus biologique et la plus pragmatique en te détaillant quelques notions :

Tu viens des cieux par l'existence de ton âme ; de ton énergie solaire tout à fait unique que tu émanes. Unique puisqu'il n'existe qu'une seule énergie exactement comme la tienne ici-bas. Tu conviendras que cette notion possède un caractère stellaire proche du divin.

Tu viens de la terre car tu es à son image et je vais te donner ici quelques exemples :

-As-tu déjà fait attention à la rondeur de ton corps ?

En effet, tout en toi est arrondi : le bout de tes doigts, de tes orteils et de tes os. Tes organes sont également inscrits dans des courbes. Tes seins ou ta poitrine et leurs tétons, mais aussi ton ventre et plus particulièrement celui des femmes enceintes, sont ronds. Tes cellules, tes globules rouges et blancs le sont aussi. Effectivement, comme tu peux le voir, il n'y a quasiment pas, en toi, de structures carrées, ni rectangulaires ; comme la terre n'est ni carrée, ni rectangulaire.

-Le plus spectaculaire dans cette constatation est celle de tes cellules, puisqu'elles ont la même forme que la terre, mais aussi la même organisation. La cellule est constituée à plus de cinquante pour cent d'eau (comme la terre), dans laquelle baigne des organites (comme les continents et les îles). Elle possède de surcroît un noyau dans lequel se trouve ton ADN (comme la terre possède elle aussi son noyau).

Etonnant n'est-ce pas ?

De voir qu'au plus profond et au plus microscopique de toi, tu ressembles à la Terre ! En effet, tout ce qui constitue ton corps possède cette forme circulaire liée à notre planète.

-Mais ce n'est pas tout !

As-tu déjà entendu parler de ton microbiote, constitué de milliards de bactéries et de virus dans ton intestin ?

Et pas que dans ton intestin d'ailleurs. Et bien la composition de ce dernier est la même que celle que l'on retrouve dans les mers et les océans. On retrouve dans l'eau de mer les mêmes virus et les mêmes bactéries que dans notre intestin.

-Je continues : sais-tu que ton sang est composé à cinquante-cinq pour cent de plasma ?

Ce même plasma marin que l'on retrouve dans l'eau de mer et ce même sang, rouge, capable de jaillir lorsque tu te coupes ; as-tu vu que notre Terre fait, elle aussi, jaillir sa lave rouge de ses volcans ?

-N'as-tu jamais fait le rapprochement d'un ventre de femme enceinte qui porte la vie à celui de la terre qui féconde sans cesse le vivant ?

Aucun doute, en faisant ces liens, sur le fait que nous venions de cette si belle planète ronde et qu'elle participe donc à notre fécondation puisque nous sommes à son image en de nombreux points.

Et si nous regardions ensemble encore plus loin ?

-Le cosmos, l'univers, ne contient-il pas, lui aussi, d'autres planètes et d'autres astres parfaitement ronds ?

Il ne contient que cela d'ailleurs ! Le soleil est

rond, la lune est ronde, Mars est ronde, Vénus, Saturne et toutes les autres planètes le sont aussi. Il est alors temps de voir et de comprendre que tu viens également de bien plus loin que la terre… C'est pour cela, que je t'ai dit auparavant, que tu venais également du ciel et plus précisément de l'univers qui nous entoure. Tu en viens et tu le contiens. Tu viens de lui et tu ne pourrais vivre sans lui. Pas de soleil : pas de vie. Pas de lune : pas de marrées et donc pas de gestion des eaux puisque c'est elle qui orchestre les liquides ici-bas. Oui, elle gère aussi bien les océans et leurs marées, que le sang de nos corps, puisque, par exemple, elle rythme les cycles menstruels des femmes sur Terre. Et il est très probable qu'elle gère bien d'autres choses dont nous n'ayons pas connaissance.

C'est fascinant, n'est-ce pas ?

Fascinant de se dire que tu es posé(e) là, entre Terre et Ciel comme un petit trait d'union, debout sur tes deux jambes, uni-vers ces deux plans.

Qui es-tu ?

La grande question !

La question aux mille réponses possibles ! De mon humble part, je te dirais qu'il te faut savoir que tu es la continuité de tous les règnes terrestres et de tous tes ancêtres ; et ce, que tu le veuilles ou non. Que cela te plaise ou non.

Tu es la continuité. L'évolution. Du règne minéral, du règne végétal et du règne animal. Oui, tu viens d'eux et j'en veux pour preuve, qu'ils vivent en toi.

Comment ?

Tu as dans ton corps des matières minérales (dans tes os, par exemple). Tu as des signatures végétales dans tes capillaires et ton système veineux, comme l'arbre en possède dans ses feuilles et dans son tronc.

Et d'ailleurs, ne parle-t-on pas d'arbre pulmonaire chez les humains ?

Même la structure de tes neurones est exactement faite à l'image d'un arbre avec son réseau de racines et de branches. C'est aussi le végétal qui nous permet de guérir notre santé quand celle-ci est défaillante ; et ce, depuis des millénaires.

Ne produisons-nous pas les médicaments à partir des plantes ?

Enfin, ton système hormonal est issu du règne animal car c'est grâce à ces productions hormonales que tu es capable de te déplacer, de te mettre en action pour fuir ou te battre par exemple. Tu vois maintenant que tu es leur continuité et qu'il sera alors essentiel de les préserver, car qu'adviendrait-il de nous si l'un d'entre eux était amené à disparaître ? Il serait aberrant de détruire ce de quoi nous sommes faits et ce qui nous fait vivre depuis si longtemps.

Qui es-tu d'autre ?

Tu es la continuité de tes parents, de tes grands-parents et de tous tes ancêtres. Tu vas pouvoir constater à quel point tu peux être différents d'eux tout en leur étant similaire dans tes actions ou tes non-actions, dans ta façon d'être et dans ton chemin de vie. Tu verras avec pas mal de recul à quel point tu continues leur vie ; à quel point tu fais évoluer leurs schémas de vie tout en pensant faire l'inverse, puisque l'humain possède cet instinct d'affranchissement, ce besoin viscéral d'être autrement que ses parents. Et pourtant… Pourtant, qu'on le veuille ou non, nous sommes leur continuité. La continuité d'un peuple vivant depuis des centaines de milliers d'années. Oui, tu es à toi tout(e) seul(e), l'évolution de ce monde ancestral, puisque tu en possèdes tous les codes génétiques inscrits dans tes deux mètres d'ADN, plus fin qu'un cheveu et tu en portes physiquement et émotionnellement toutes les mémoires.

Voilà qui tu es avant toute chose !

Tu es la vie.

Tu es l'univers tout entier.

Tu es tous les hommes.

Tous les animaux. Tous les végétaux. Toutes les montagnes et les roches.

Tu es tout dans ton petit corps d'humain.

Tu détiens alors tous les potentiels et tous les possibles.

Tu possèdes, par conséquent, toutes les forces et les puissances. Cela fait partie, je le pense, des premières choses que tu devrais savoir avant d'être celui ou celle que tu t'apprêtes à devenir.

Où vas-tu ? Ou plutôt, qu'est-ce que tu es venu(e) faire ici ?

Oui, je sais que cette question t'habite et que tu ne sais y répondre et que parfois même elle t'angoisse. Avant que tu en découvres la réponse, qui sera ta propre réponse, rappelle-toi que tu te destines à continuer cette évolution du vivant et que tu vas donc contribuer à l'évolution du divin.

Comprends-tu que le Divin est dans le vivant ?

Oui. Alors tu comprends que Dieu n'a pas créé l'homme à son image, mais qu'il a créé le vivant (tous les règnes vivants) à son image.

Ou vas-tu ?

Eh bien, chemine à continuer cette vie et œuvre à la protéger, à contribuer à son épanouissement. Plus tu fais cela, plus tu avances, et plus tu es divin(e).

Tu n'es pas destiné(e) à être un individu augmenté par la technologie, mais à devenir un être évolué puisque tu es l'évolution de la vie, des règnes et de tes ancêtres.

Ne tombe pas dans le piège de la technologie qui te rend esclave d'elle. Au contraire, sers-toi d'elle pour protéger et épanouir le vivant. Ne te déshumanise pas. Le virtuel que l'on va te proposer ne sera jamais le réel. Ce n'est pas une question de choix, c'est une question de conscience. N'oublie pas que la croyance est un leurre (le virtuel te fera croire en une fausse réalité). La conscience, elle, est vérité. Ta vérité.

Dis-moi dans quoi veux-tu vivre ?

La croyance et le virtuel ? Ou le vivant et la conscience ?

Choisiras-tu d'être divinement humain ou videment virtuel ?

J'espère que ces lignes t'aideront à mieux savoir ce que tu es venu(e) faire ici. Qu'elles te guideront sur le chemin à emprunter. Qu'elles t'éclaireront sur ce que tu viens accomplir ici.

Enfin, je vais terminer ici et tu l'auras compris, je ne veux plus que tu aies peur. Je ne veux plus que tu te sentes mal à l'aise dans ce monde. Je ne veux plus que tu te sentes maltraité(e) ici-bas.

Pour cela : ne crois pas que c'est Dieu qui te protège, et que tu dépends de sa protection, car il arriverait souvent que tu te sentes délaissé(e) par Lui.

Comprends que c'est Toi qui protège Dieu.

Que tu es l'un de ses gardiens. Avance dans ta vie en ayant conscience d'être le protecteur du protecteur…

Tu verras que la compréhension et l'application de cette notion te sortira de toutes tes peurs.

Avec tout mon Amour.

Leslie

Mes plus sincères remerciements

à Priscille Klotz pour l'illustration.